CATALOGUE

DE

TABLEAUX MODERNES

PAR

BASTIEN-LEPAGE, PAUL BAUDRY
BOULARD, BOURGONNIER, COURANT, DAUBIGNY, LANSYER
LAVIEILLE, LAZERGES
LELEUX, H. LÉVY, PALIZZI, PELOUSE, PILLE
RAPIN, ROCHEGROSSE, ROLL
STEVENS, VERNON

AQUARELLES, PASTELS, DESSINS

PAR

BOUGUEREAU, GRANVILLE, HARPIGNIES
JACQUEMART, JONGKIND, LHERMITTE, MONNIER
PILLE, POPELIN, RAFFET, ETC.

Bronzes de Rodin et de Loiseau-Bailly

GRAVURES

DONT LA VENTE AURA LIEU

HOTEL DROUOT, SALLE N° 11

Le Mercredi 20 Mai 1903

à deux heures

COMMISSAIRE-PRISEUR	EXPERT
Me PAUL CHEVALLIER	**M. GEORGES PETIT**
10, rue Grange-Batelière	12, rue Godot-de-Mauroi

EXPOSITION PUBLIQUE

Le Mardi 19 Mai 1903, de 1 heure 1/2 à 5 heures 1/2.

CONDITIONS DE LA VENTE

Elle sera faite au comptant.

Les acquéreurs payeront *dix pour cent* en sus des prix d'adjudication.

Paris. — Imp. Georges Petit. — 13126-05

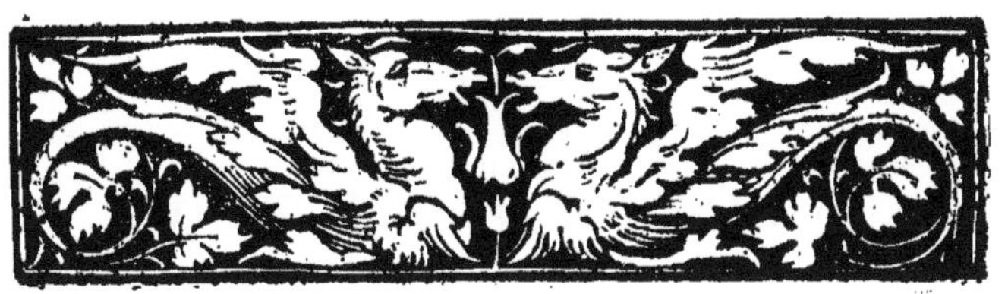

TABLEAUX

ARGENCE (E. d')

1 — *Vue d'Ajaccio.*

Signé à droite, en bas.

Toile. Haut., 33 cent.; larg., 55 cent.

ARUS

2 — *Le Siège de Paris.*

Un épisode du siège.

Une longue théorie de femmes et d'hommes, grelottant dans la neige, attendent à la porte d'une boulangerie, dont la devanture est illuminée, la distribution des rations de pain.

Signé à gauche, en bas.

Panneau. Haut., 26 cent.; larg., 17 cent.

ASSEZAT DE BOUTEYRE

3 — *Aux environs d'Alger.*

Signé à gauche, en bas, et daté : *96.*

Toile. Haut., 27 cent.; larg., 41 cent.

BASTIEN-LEPAGE

4 — *Saint Louis.*

Toile. Haut., 40 cent.; larg., 32 cent.

BAUDRY (P.)

5 — *Femme lisant.*

A droite, en bas, le monogramme *P. B.*

Toile. Haut., 58 cent.; larg., 72 cent.

BILLET

6 — *Alger.*

Sur une colline de sable, où le soleil met de larges taches de lumière, au milieu d'oliviers tout gris de poussière, est édifiée une construction aux murailles blanches, dominant la mer azurée.

Signé à gauche, en bas, et daté : *Alger, 1884.*

Toile. Haut., 41 cent.; larg., 60 cent.

BOILLY (Attribué à)

7 — *Portrait de femme.*

Toile. Haut., 21 cent.; larg., 16 cent.

BOULARD

8 — *L'Attente.*

Derrière une chaloupe échouée sur la plage, un pêcheur et sa femme, armée d'une longue vue, essaye de percevoir, à travers les vagues écumantes et le ciel embrumé, le retour d'une barque partie en pêche depuis le matin.

Signé à gauche, en bas.

Panneau. Haut., 19 cent.; larg., 25 cent.

BOULARD

9 — *Le Débarquement du poisson.*

Sur une grève, pêcheurs et pêcheuses rangent sur le sable de nombreux poissons, tandis qu'au-dessus d'eux courent au ciel de gros nuages de pluie.

Signé à droite, en bas.

Toile. Haut., 21 cent.; larg., 32 cent.

BOURGEOIS

10 — *Un Chemin creux à Saint-Cast.*

Signé à gauche, en bas.

Toile. Haut., 40 cent.; larg., 26 cent.

BOURGEOIS

11 — *Un Ruisseau en Bretagne.*

Signé à gauche, en bas.

Toile. Haut., 1 m. 28; larg., 34 cent.

BOURGEOIS

12 — *Noirmoutiers.*

Signé à gauche, en bas.

Toile. Haut., 1 m. 44; larg., 50 cent.

BOURGONNIER

13 — *Revue à Longchamps.*

Signé à gauche, en bas.

Toile. Haut., 37 cent.; larg., 20 cent.

BOURGONNIER

14 — *L'Embarcadère.*

Signé à gauche, en bas.

Toile. Haut., 37 cent.; larg., 24 cent.

BOURGONNIER

15 — *Longchamps.*

Signé à gauche, en bas.

Toile. Haut., 37 cent.; larg., 20 cent.

BOURGONNIER

16 — *Le Ruisseau.*

Signé à gauche, en bas.

Toile. Haut., 37 cent.; larg., 20 cent.

BOURGONNIER

17 — *Fête de nuit sur le lac du Bois de Boulogne.*

Signé à gauche, en bas.

Toile. Haut., 36 cent.; larg., 20 cent.

BOURGONNIER

18 — *Bord de rivière.*

Signé à gauche, en bas.

Toile. Haut., 36 cent.; larg., 20 cent.

BOURGONNIER

19 — *Le Lac.*

Signé à gauche, en bas

Toile. Haut., 36 cent.; larg., 20 cent.

BOURGONNIER

20 — *Le Lac du Bois de Boulogne.*

Signé à gauche, en bas.

Toile. Haut., 37 cent.; larg., 24 cent.

BUFFET

21 — *Bords de la Seine.*

Signé à droite, en bas.

Toile. Haut., 32 cent.; larg., 46 cent.

CASANOVA Y ESTORACH

22 — *Un Cardinal.*

COURANT (Maurice)

23 — *Marine.*

Au premier plan, sur une grève où l'on voit quelques rochers couverts de varechs et de goémons, deux pêcheurs creusent le sable.

Puis la mer aux vagues moutonnantes, où louvoyent de nombreux bateaux.

Au ciel courent de gros nuages gris qui laissent apercevoir par instant des coins du ciel bleu.

Signé à droite, en bas, et daté : *1881*.

Panneau. Haut., 41 cent.; larg., 53 cent.

DAGNAUX

24 — *Le Pont de Neuilly.*

Dans la brume du matin, près d'un bateau lavoir et d'une rive qui s'éclaire des premiers rayons du soleil levant, le pont cintre ses deux arches au-dessus de la Seine, dont les eaux coulent calmes et tranquilles, reflétant la masse sombre des grands arbres de la rive droite.

Signé à gauche, en bas.

Panneau. Haut., 25 cent.; larg., 41 cent.

DAUBIGNY

25 — *Bords de rivière.*

A gauche, en bas, cachet de la vente.

Panneau. Haut., 18 cent.; larg., 30 cent.

DESBROSSES (Jean)

26 — *Peupliers au printemps, à Garches.*

Signé à gauche, en bas.

Toile. Haut., 40 cent.; larg., 25 cent.

DESCHAMPS

27 — *Jeune Femme faisant du crochet.*

Coiffée d'un bonnet en dentelles orné d'un nœud rouge, vêtue d'un peignoir à raies, une jeune femme, de profil à gauche, fait du crochet, tandis que sur un guéridon placé devant elle, une pelote de fil est posée.

Signé à droite, en haut.

Panneau. Haut., 24 cent.; larg., 19 cent.

DUMOULIN

28 — *Une Route au Japon.*

Sur une route ensoleillée, bordée à droite par quelques arbres qui abritent une paillotte, à gauche, par des éventaires de marchands de légumes et de fruits, une femme, en vêtement jaune, passe, tenant sur sa tête une calebasse qui reluit au soleil.

Toile. Haut., 46 cent.; larg., 32 cent.

HAACKMAN

29 — *Barques.*

Signé à droite, en bas.

Toile. Haut., 74 cent.; larg., 1 mètre.

HÉBERT (Th.)

30 — *Le Pêcheur.*

Panneau. Haut., 35 cent.; larg., 24 cent.

JACQUIN

31 — *Entrée d'Aas.*

A gauche, sur le bord du chemin, une vieille femme est assise sur un tronc d'arbre, le dos appuyé contre de vieilles masures aux toits crevassés.

A droite, une haute colline bleutée s'estompe dans le ciel bleu, où le vent fait courir des nuages roses.

Signé à droite, en bas.

Toile. Haut., 33 cent.; larg., 41 cent.

JOUSSET

32 — *Le Golfe d'Almeira.*

Signé à gauche, en bas.

Panneau. Haut., 15 cent.; larg., 23 cent.

LAFON

33 — *Étude pour un plafond.*

Signé à droite, en bas, et daté : *1886.*

Toile. Haut., 45 cent.; larg., 45 cent.

LANSYER

34 — *Place Saint-André-des-Arts.*

Signé à droite, en bas, et daté : *86*.

Toile. Haut., 50 cent.; larg., 61 cent.

LANSYER

35 — *Le Chevet de Saint-Gervais, vue prise de la rue des Barres.*

Signé à droite, en bas, et daté : *87*.

Toile. Haut., 50 cent.; larg., 61 cent.

LANSYER

36 — *Le Premier étage des ruines de la Cour des Comptes.*

Signé à droite, en bas, et daté : *86*.

Toile. Haut., 50 cent.; larg., 61 cent.

LANSYER

37 — *L'Ancienne rue Grenier-sur-l'Eau, à Paris.*

Signé à droite, en bas, et daté : *87*.

Toile. Haut., 41 cent.; larg., 37 cent.

LANSYER

38 — *La Rue Hautefeuille, vue prise de la place Saint-André-des-Arts, le matin.*

Signé à gauche, en bas, et daté : *1888*.

Toile. Haut , 40 cent.; larg., 32 cent.

LANSYER

39 — *Le Passage Charlemagne, à Paris.*

Signé à gauche, en bas, et daté : *87*.

Toile. Haut., 50 cent.; larg., 61 cent.

LANSYER

40 — *La Cour de Rohan, du côté du passage du Commerce.*

Signé à droite, en bas, et daté : *86*.

Toile. Haut., 33 cent.; larg., 46 cent.

LANSYER

41 — *Les Rues de la Lune, d'Aboukir et de Cléry, vues de la porte Saint-Denis.*

Signé à gauche, en bas, et daté : *87*.

Toile. Haut., 38 cent; larg., 46 cent.

LANSYER

42 — *La Cour de Saint-Julien-le-Pauvre, dépendances de l'ancien Hôtel-Dieu.*

Signé à gauche, en bas, et daté : *86.*

Toile. Haut., 38 cent.; larg., 46 cent.

LAPORTE

43 — *Le Bon vin.*

Toile. Haut., 24 cent. 1/2 ; larg., 19 cent.

LAVIEILLE

44 — *Le Matin dans la campagne.*

Signé à droite, en bas, et daté : *19 octobre 1884.*

Panneau. Haut., 18 cent.; larg., 22 cent.

LAZERGES (H.)

45 — *L'Épave.*

Signé à droite, en bas.

Toile. Haut., 1 m. 80; larg., 2 m. 50.

LEE (William)

46 — *Furtive.*

Signé à droite, en bas.

Toile. Haut., 38 cent.; larg., 27 cent.

LELEUX (Adolphe)

47 — *Paysanne à cheval.*

Signé à gauche, en bas, et daté : *1874.*

Toile. Haut., 53 cent.; larg., 38 cent.

LÉVY (Henry)

48 — *Sac de Sainte-Sophie, à Constantinople, par la soldatesque.*

Signé à droite, en bas.

Toile. Haut., 77 cent.; larg., 61 cent.

LUCAS

49 — *Soleil couchant au bord de la mer.*

Signé à droite, en bas, avec cette dédicace : *A l'amiral Miot.*

Toile. Haut., 33 cent.; larg., 55 cent.

MOLS (Robert)

50 — *Moulin en Hollande.*

Signé à gauche, en bas.

Panneau. Haut., 25 cent.; larg., 34 cent.

OGIER

51 — *Saint-Jean-de-Luz.*

Panneau. Haut., 14 cent.; larg., 21 cent. 1/2.

OGIER

52 — *La Sortie du port.*

Panneau. Haut., 15 cent.; larg., 22 cent.

PALIZZI

53 — *Les Chèvres.*

Signé à gauche, en bas.

Toile. Haut., 73 cent.; larg., 1 m. 08.

PELOUSE

54 — *Prairie à Rochefort-en-Terre (Morbihan).*

La prairie, à l'herbe drue et verdoyante, est bordée, à l'horizon, par un épais rideau d'arbres, dont les frondaisons sont rouillées par l'automne.

A gauche, tapies dans la verdure, deux maisons aux toits de tuiles brunes; à droite, dans la prairie, quelques arbres fruitiers étendent leurs rameaux dans le ciel, dont les nuages gris laissent apercevoir, par places, des morceaux du ciel bleu.

Signé à gauche, en bas.

Toile. Haut., 46 cent.; larg., 66 cent.

PELOUSE

55 — *Les Rochers de Pen-Mané (Bretagne).*

A droite, la rivière, bordée d'un côté par une rive verdoyante, à gauche par des arbres touffus, coule sur un lit de rochers, dont quelques-uns affleurent à la surface.

Au fond, la prairie est bornée par une colline couverte de forêts, dont les arbres se découpent vigoureusement dans le ciel, où courent quelques nuages.

Signé à gauche, en bas.

Toile. Haut., 46 cent.; larg., 65 cent.

PILLE

56 — *Fragment de cortège historique.*

Toile. Haut., 73 cent.; larg., 90 cent.

RAPIN

57 — *Soleil couchant.*

Signé à gauche, en bas.

Toile. Haut., 33 cent.; larg., 46 cent.

RAPIN

58 — *Les Bords du lac.*

Signé à gauche, en bas.

Toile. Haut., 33 cent.; larg., 46 cent.

ROCHEGROSSE

59 — *Un Coin d'atelier.*

Signé à gauche, en haut.

Panneau. Haut., 35 cent.; larg., 24 cent.

ROLL

60 — *La Vague.*

Signé à droite, en bas.

Toile. Haut., 30 cent.; larg., 45 cent.

ROUSSEAU (J.-J.)

61 — *Le Lac Saint-James.*

Signé à gauche, en bas.

Toile. Haut., 46 cent.; larg., 27 cent.

STENGELIN

62 — *Sur la Plage, à Scheweningue (Hollande).*

Sur la grève, où sourdent de nombreuses flaques d'eau indiquant la marée prochaine, une grosse barque de pêche est échouée, la voile non encore carguée, tandis qu'autour du bateau quelques pêcheurs vont et viennent.

Signé à gauche, en bas.

Toile. Haut., 31 cent.; larg., 41 cent.

STEVENS (A.)

63 — *Soleil couchant, à Puys.*

Signé à gauche, en bas et daté : *93.*

Panneau. Haut., 42 cent.; larg., 35 cent.

VERNON

64 — *Mare aux environs de Fontainebleau.*

Signé à gauche, en bas.

Panneau. Haut., 23 cent.; larg., 31 cent.

VINCENT-DARASSE

65 — *A Marée basse.*

La mer, en se retirant, a laissé à découvert une grève de sable fin et quelques roches couvertes de varechs.

Au fond, un amas de rochers poussent une pointe hardie dans la mer azurée, dont la surface n'est agitée par aucune brise.

Signé à gauche, en bas.

Toile. Haut., 33 cent.; larg., 56 cent.

ZAMACOÏS

66 — *Le Baiser d'adieu.*

Près d'un balcon, dissimulé par une portière verte, un jeune seigneur Louis XIII, en manteau de drap rouge, pourpoint jaune, la tête nue, est vu de profil à droite, envoyant un baiser.

Signé à droite, en bas.

Panneau. Haut., 22 cent.; larg., 16 cent.

AQUARELLES
ET PASTELS

BRAUN

67 — *En cherchant du travail.*

Au haut d'un escalier, une femme vêtue d'une jupe bleue, d'une jaquette vert foncé, le visage caché par une épaisse voilette, frappe discrètement à une porte, venant solliciter un secours où un emploi.

Aquarelle.

Signé à droite, en bas.

Haut., 55 cent.; larg., 38 cent.

BUSSON

68 — *Vaches se désaltérant dans un marais.*

Aquarelle.

Signé à gauche, en bas.

DE CHAMPEAUX

69 — *Un Canal à Venise.*

Aquarelle.

Signé à gauche, en bas.

Haut., 25 cent.; larg., 35 cent.

DAUMIER (Attribué à)

70 — *Un Vieux Concierge.*

Aquarelle.

DEBON

71 — *Les Blés.*

Aquarelle.

Signé à droite, en bas, et daté : *1884*.

GAULIS

72 — *Une Ruelle à Venise.*

Aquarelle.

Signé à droite, en bas.

Haut., 25 cent.; larg., 13 cent.

HARPIGNIES

73 — *Soleil couchant dans la campagne.*

Aquarelle.

Signé à gauche, en bas, et daté : 82.

Haut., 7 cent.; larg., 18 cent.

JACQUEMART (Jules)

74 — *Almée.*

Signé à droite, en bas.

Aquarelle.

JONGKIND

75 — *A Montmartre.*

Signé à droite, en bas.

Aquarelle.

LEE (William)

76 — *Doux émoi.*

Une femme en toilette claire, corsage décolleté, chapeau de paille orné d'un tulle vert, est assise sur un tertre de gazon, la première au rendez-vous donné.

Pastel.

Signé à gauche, en bas.

Haut., 55 cent.; larg., 32 cent.

LHERMITTE

77 — *Soleil couchant en automne.*

Dans la plaine couverte de chaumes, subsistent encore quelques moyettes qui se dorent des derniers rayons du soleil couchant.

Pastel.

Signé à gauche, en bas.

Haut., 18 cent.; larg., 30 cent.

LESSORE (Jules)

78 — *Aux champs.*

Signé à gauche, en bas.

Aquarelle.

DE MESGRIGNY (Franck)

79 — *Bords du Loing.*

Signé à droite, en bas.

Aquarelle.

MONNIER (Henry)

80 — *Politiciens.*

A gauche, en bas, cette dédicace : *A Mène, H. Monnier, 14 juin 1873.*

Aquarelle.

OGIER

81 — *Le Chemin de la falaise.*

Aquarelle.

Signé à droite, en bas.

Haut., 15 cent.; larg., 20 cent. 1/2.

OTTIN

82 — *Le Pont des Saints-Pères.*

Aquarelle.

Signé à droite, en bas, et daté : *10 juin 1883.*

PILLE (H.)

83 — *Fragment de cortège historique (époque de Charles VI).*

Aquarelle.

Signé à droite, en bas.

POPELIN (Magdeleine)

84 — *Les Rives de la Loire.*

Une rive de sable, où ne poussent que quelques herbes rares, descend en pente douce jusqu'au fleuve, que l'on aperçoit à droite, coulant vers de hautes collines qui ferment l'horizon.

Aquarelle.

Signé à gauche, en bas.

Haut., 16 cent.; larg., 23 cent.

POPELIN

85 — *Étang en Sologne.*

Sur le bord d'un étang, dans lequel le soleil couchant met des reflets roses, de grands arbres ont poussé au milieu des roches moussues, des joncs et des roseaux.

Au fond, à l'horizon, une colline bleutée.

Aquarelle.

Signé à gauche, en bas.

Haut., 33 cent.; larg., 50 cent.

RAFFET

86 — *Dernière lutte entre Russes et Polonais.*

A droite, en bas, le timbre de la vente.
Aquarelle.

RAFFET

87 — *Un Lancier autrichien.*

Aquarelle.

RAFFET

88 — *Espagnols sur la Rambla, à Barcelone.*

Signé à gauche, en bas, et daté : *Janvier 1848.*
Aquarelle.

REY

89 — *Intérieur de l'église Saint-Marc, à Venise.*

Aquarelle.
Signé à droite, en bas.
A gauche, cette inscription : *Saint-Marc, Venise, 1896.*

Haut., 31 cent.; larg., 23 cent.

SACCAGGI

90 — *Après le bal.*

La tête appuyée sur un coussin, une jeune femme en robe rose est étendue sur un canapé, collerette de gaze autour du cou, ses deux bras repliés cachant à moitié sa gorge nue. Elle tient en ses mains un mouchoir dont elle se voile le visage inondé de larmes.

Un loup de satin rose et une marotte de Folie gisent à terre, tandis qu'à droite, sur une chaise, la canne et le chapeau du seigneur et maître, sujét de cette scène de jalousie.

Aquarelle.

Signé à droite, en bas.

Haut., 33 cent.; larg., 48 cent.

SALVAIRE (Edouard)

91 — *La Seine, aux environs de Paris.*

Aquarelle.

Signé à gauche, en bas.

VALLON (Paul)

92 — *La Falaise, aux Petites-Dalles.*

Aquarelle.

Signé à droite, en bas.

DESSINS

BOULANGER

93 — *L'Esclave.*

Dessin à la sanguine sur papier havane.
Signé à droite, en bas.

BOUGUEREAU

94 — *Petite fille lisant.*

Dessin à la mine de plomb sur papier crème.
Signé à droite, en bas.

BOUTET DE MONVEL

95 — *A l'École.*

Dessin à l'encre de Chine sur papier blanc.
Signé à gauche, en bas.

CHABAS

96 — *Jeune fille arabe.*

Dessin au crayon sur papier havane.
Signé à droite, en bas.

CHINTREUIL

97 — *A l'Orée du bois.*

Dessin au crayon, rehaussé de blanc, sur papier havane.
Signé à gauche, en bas.

GRANVILLE

98 — *L'Enfant et le miroir.*

Dessin à la plume, pour l'illustration des *Fables* de Florian.
Cachet *(JJG)* en bas, au centre.

GRANVILLE

99 — *L'Écureuil, le Chien et le Renard.*

Dessin à la plume, pour l'illustration des *Fables* de Florian.
Cachet *(JJG)* en bas, au centre.

GRANVILLE

100 — *La Tourterelle et la Fauvette.*

Dessin à la plume, pour l'illustration des *Fables* de Florian.

Cachet *(JJG)* en bas, au centre.

INCONNU

101 — *Étude d'homme.*

Dessin au crayon, rehaussé de blanc, sur papier gris.

LANOS

102 — *Deux soldats russes.*

Dessin au crayon, rehaussé d'aquarelle.

Signé à gauche, en bas.

LUMINAIS

103 — *Prisonnières évadées.*

Dessin à la mine de plomb sur papier crème.

Croquis de son tableau du Salon de 1885.

Signé à gauche, en bas.

SEON

104 — *Étude de femme.*

Dessin à la sanguine sur papier havane.

Signé à droite, en bas.

SEON

105 — *Fleur d'avril.*

Dessin à la sanguine sur papier rosé.

Signé à droite, en bas.

SEON

106 — *Résignation.*

Dessin à la sanguine sur papier rosé.

Signé à gauche, en bas.

Bronzes et Gravures

LOISEAU-BAILLY

107 — *Buste de femme.*

Bronze.

RODIN

108 — *Le Minotaure.*

Bronze.

GRANVILLE

109 — *Élévation panoramique du Louvre et des Tuileries, sous le règne de Louis XIV.*

Gravure.

TISSOT

110 — *En Hiver.*

Pointe sèche sur papier de Chine.
Signé à gauche, en bas.

www.ingramcontent.com/pod-product-compliance
Ingram Content Group UK Ltd.
Pitfield, Milton Keynes, MK11 3LW, UK
UKHW021110270726
13993UKWH00006B/1999

9 782329 545820